AF259573

SCÈNE

DE POLITIQUES.

SOUS LE DERNIER MINISTÈRE;

PRÉCÉDÉE D'UNE PETITE LETTRE À UN CÉLÈBRE ABBÉ.

LE COMTE DE HAITLACHARTE,

L'ARCHEVÊQUE TURPIN,

L'ABBÉ DE PAPIMANI.

PARIS,

CHEZ CHAUMEROT, LIBRAIRE, PALAIS-ROYAL,
GALERIE D'ORLÉANS, N° 4.

1829

PETITE LETTRE

A UN CÉLÈBRE ABBÉ.

Mon cher abbé, vous avez publié en 1829, un ouvrage digne du dixième siècle. Il est fâcheux que vous fassiez ainsi un anachronisme de huit cents ans. Je suis persuadé que sans ce léger inconvénient vous auriez eu un immense succès. Mais, aujourd'hui, le pli est pris; voilà le diable. Depuis déjà quelque temps, un esprit de révolte s'est emparé des rois, et leur inconcevable orgueil a secoué le joug de *l'évêque de Rome*. Ils ont osé soutenir qu'un prêtre qui s'appèle le serviteur des serviteurs de Dieu, ne devait pas être le maître des rois. Enfin, on pense aujourd'hui, en Europe, que le Pape ne doit s'occuper que de régler la croyance des catholiques, percevoir un tribut quand on épouse sa nièce, ou sa cousine, et qu'il n'a point le droit de déposer les rois, et de donner leurs couronnes à qui lui plaît. Les bons esprits pensent encore qu'un prêtre doit dire la messe, confesser, prêcher la morale, et qu'il ne doit pas s'occuper du gouvernement ni de politique, à moins que ce ne soit pour menacer de la colère de Dieu ceux qui osent écrire contre l'autorité du roi, et exciter les évêques à la révolte. Mon cher abbé, vous avez oublié tout cela en composant votre livre.

Vous demandez, dites-vous, la liberté de conscience, la liberté de la presse. Mais vous osez penser que le roi ne doit être que le vassal du pape, vous osez l'écrire, et vous demandez la liberté de la conscience et de la presse? Votre livre n'a pas été brûlé; vous n'avez pas été envoyé à Sainte-Pélagie, et vous vous plaignez de la tyrannie de notre gouvernement?

Vous dites qu'il n'y a plus de religion en France; sans doute, parce que le clergé ne possède plus, comme jadis, le cinquième du revenu du royaume, parce que des évêques n'ont plus 600,000 l. de rentes. Cela est très-fâcheux, j'en conviens; mais comme j'ai vu en province des évêques se faisant traîner à quatre chevaux, j'en ai conclu qu'ils étaient encore loin de la pauvreté des apôtres; et, quoique vous en disiez, que ce temps-ci valait mieux pour eux que le temps du directoire. Vous ne voudriez pas que le clergé fût salarié par l'État, mais qu'il eût des biens et en quantité, de façon à pouvoir se passer de traitement. Mais, mon ami, si nous nous empressions de donner notre bien à messieurs les prêtres, cette classe redoutable qui, n'étant pas mariée, n'ayant point d'enfans, n'a point de liens qui l'attachent à l'État, deviendrait tout-à-fait indépendante de l'autorité, et ne serait plus qu'une milice du pape? Ne voyez-vous pas que si on avait privé de leur traitement les évêques récalcitrant aux ordonnances, ils se seraient tous bientôt rangés à leur devoir?

Je sais bien qu'il était doux pour un troupeau immoral de moines fainéans et ignorans, de posséder de beaux châteaux, de belles fermes, de percevoir de bonnes rentes, d'avoir une bonne table, et les jolies filles de leurs fermiers à leur disposition. Mais autres temps, autres mœurs. Aujourd'hui, la société a retranché les membres inutiles, et les prêtres en devraient faire autant.

Vous flétrissez la mémoire de Louis XIV, vous l'accusez de despotisme, parce qu'il a proclamé que le pape n'avait aucun droit sur le temporel des rois, et vous lui épargnez cette accusation, lorsque, excité par un vil paysan de Normandie, le farouche jésuite le Tellier, qui, à force de basses intrigues, était devenu son confesseur, il dépouillait les protestans, les exilait, les livrait au sabre des dragons ! Sans doute, je veux le croire, l'âme de Louis XIV n'avait pas conçu ces épouvantables horreurs ; il fallait l'ascendant, l'inspiration d'un nouveau Mathan, *prodigue du sang des misérables.* Convenez donc du danger de laisser usurper l'autorité souveraine par un prêtre fanatique.

Il ne faut pas citer des auteurs qui ont écrit, que le roi peut confisquer les biens de ses sujets, et prendre leurs filles pour en faire *ses panetérières et ses concubines* Quelque despote asiatique peut penser ainsi ; mais ces maximes ne furent jamais celles de Henri IV. La Charte n'accorde pas de tels droits à la royauté, et Louis XVIII ni Charles X n'ont jamais imaginé qu'ils leur fussent dûs.

Je suis fâché que vous trouviez l'époque de la ligue l'une des plus belles de notre histoire. Des prêtres excitant un peuple à la révolte, un moine

fanatique assassinant son roi , méritent l'exécra-
tion du genre humain ; et l'on ne doit parler des
malheureux temps qui les ont produits , que pour
en inspirer l'horreur.

On sent , dites-vous , la nécessité que les prêtres envahissent le pouvoir civil. Non, on ne
sent point cette nécessité ; mais on sent la nécessité qu'ils se renferment dans les bornes du sanc-
tuaire , qu'ils soient doux , tolérans , bienfaisans ,
modestes , et que dans leur conduite et leurs
enseignemens ils imitent l'auteur de notre religion , qui a dit que son royaume n'est pas de ce
monde , et qu'il faut rendre à César ce qui appartient à César. Suivez donc les paroles de Jésus-Christ , rendez au roi ce qui lui appartient,
c'est-à-dire , la soumission d'un fidèle sujet ; prê-
chez cette soumission à ceux qui vous imitent ;
dites-leur que le même Jésus-Christ a dit que
l'orgueilleux qui s'élève sera humilié : soyez les
prêtres de Jésus-Christ , et non pas les sujets du
pape , et alors le clergé sera béni et loué dans
toute la France.

Je termine cette lettre , mon cher abbé , par
un petit conseil, dont vous me paraissez avoir

besoin. Bien que je ne sois pas médecin, je crois m'apercevoir qu'il y a dans vous une grande acreté d'humeurs. En conséquence, rafraîchissez-vous le sang, prenez des bains, et lisez quelquefois les pères de l'Eglise qui étaient de fort bonnes gens, et qui ne cherchaient à dominer que par l'autorité de la raison et de la vertu.

SCÈNE

DE POLITIQUES,

SOUS LE DERNIER MINISTÈRE.

LE Cte DE HAITLACHARTE, —L'ARCHEVÊQUE
TURPIN, —L'ABBÉ DE PAPIMANI.

La scène se passe chez le comte de Haitlacharte.

LE COMTE.

QUELLES nouvelles, M. l'abbé ?

L'ABBÉ.

Quelles nouvelles !

LE COMTE.

Oui.

L'ABBÉ.

Vraiment, ce n'est plus une nouvelle, c'est
une chose que chacun voit clairement, même les
moins sages, les moins clairvoyans. La France et
l'Europe touchent à une révolution épouvantable.
La hache révolutionnaire, pour un temps suspen-
due, va de nouveau se promener sur nos têtes.

LE COMTE.

Que dites-vous là ? Vous me faites peur.....
Diable... Savez-vous que ce n'est point amusant

à mon âge d'émigrer. J'ai soixante ans passé. Quitter son pays, ses parens et cent mille livres de rente, restes déplorables d'une fortune autrefois honnête.... Voilà pourtant où nous mène la Charte.

L'ABBÉ.

Oui, M. le Comte, la société est à la veille de sa dissolution. Les ossemens du prêtre et du souverain vont couvrir encore ce malheureux pays. On ose chasser les Jésuites ; on ose se jouer des droits sacrés du pontife ; tout est perdu, vous dis-je ; la France est une nation finie. Je ne donnerais pas deux sous de son salut.

LE COMTE.

En effet, le gouvernement est sans énergie. Il laisse clabauder à la Chambre un tas de députés qui prêchent ouvertement la sédition. Si j'étais que de lui, de bonnes lettres de cachet me feraient justice de ces insolens qui trouvent mauvais que le peuple paie de gros impôts, comme si ce peuple devait faire autre chose que travailler et payer. Il nous faudrait un roi tel que Louis XIV. Celui-là savait se faire respecter. Voyez-vous pas comme il vous a mené ces rebelles protestans qui avaient l'audace d'avoir une autre religion que la sienne ?

L'ABBÉ.

Louis XIV, dites-vous, Louis XIV, j'écume

de colère; Louis XIV !..... Comment, M. le
Comte ? vous ne savez donc pas que c'est Louis
XIV qui a fait la révolution et qu'il sera la cause
de toutes les révolutions à venir ? Oui, monsieur,
ce monarque de détestable mémoire, en osant pro-
clamer que le pape n'avait pas le droit de lui ôter
sa couronne, (proposition hérétique, abomi-
nable) a légué aux princes des échafauds, à l'Europe d'indicibles calamités, et remis en question
l'existence du genre humain. Je vous le demande,
que devient le christianisme, que devient la société, si le pape ne peut pas à son gré disposer
des couronnes ?

LE COMTE.

Oh pour cela, M. l'Abbé, je ne suis nulle-
ment de votre avis. Je n'accorde au pape aucun
droit sur la France. La France appartient au roi
tout comme le château de Haitlacharte m'appartient. Il peut disposer des hommes, des terres...,
rien n'est plus juste, et rien n'est plus impertinent
que cet article de la charte qui veut qu'on ne
puisse sans indemnité s'emparer au nom de l'État
de la propriété du moindre sujet. Ce pauvre
Louis XVIII ne savait ce qu'il faisait. Il aurait
cru sa justice et son honneur blessés de froisser
les intérêts d'un manant. Le français le plus ché-
tif était quelque chose pour lui, et je tremble que
Charles X n'ait les mêmes maximes que son frère.

*(Un laquais annonce monseigneur l'archevêque
Turpin.)*

L'ARCHEVÊQUE.

Vous voyez, messieurs, un homme outré d'in-
dignation. Croiriez-vous bien que des faquins de
députés s'avisent de faire le calcul de mes revenus et trouvent que je reçois trop de l'État, tan-
dis qu'à peine je touche 200,000 francs du trésor
royal ? Ces gens-là ne voudraient-ils pas réduire
un archevêque à la demi-fortune ? A peine si j'ai
vingt chevaux dans mes écuries et douze laquais
dans mes antichambres ! Je vous le demande,
M. le Comte, peut-on étaler plus de simplicité ?
Où en seraient la dignité de l'église et la majesté du
prélat si un archevêque se bornait à diriger ses
diocésains, à faire de bonnes œuvres et s'il allait
à pied ? Ai-je embrassé la carrière de l'église
pour traîner une chétive existence, et me croit-
on assez dupe pour me piquer d'imiter la pauvreté évangélique ? Ce n'est pas tout encore de
nous rogner nos revenus, ces messieurs veulent
nous rogner notre pouvoir. Bientôt nous ne se-
ront plus maîtres dans notre diocèse. On s'avise
de trouver mauvais que, dans mes mandemens,
je glisse quelque mots contre la charte.

LE COMTE.

La charte, dites-vous ? c'est ma bête noire.
Ah ! que ne sais-je écrire comme tous ces vils

roturiers, ces gredins d'avocats, de publicistes ?
(Mais autrefois ce n'était pas la mode qu'un grand
seigneur eut de l'instruction , et ma foi c'était
bien vu ;) vous verriez un peu comme je vous
l'habillerais cette misérable charte....... *Les Français sont égaux !* Est-il , je vous prie , rien de
plus impertinent ? Ainsi , il ne servira de rien
d'être né gentilhomme , il me sera inutile qu'un
de mes ancêtres ait tué dix Sarrasins de sa main
dans je ne sais plus quelle bataille ? Il nous faudra
payer des impôts comme le dernier des fermiers.
Et, dites-moi, monseigneur, n'est-il point désolant
de penser qu'un manant condamné à mort a la
tête tranchée , et que les lois ne mettent point
de différence entre son supplice et celui d'un
gentilhomme dont les aïeux par exemple au-
raient combattut à la Terre Sainte ? n'est-ce pas
bien incommode pour moi, si j'ai à me plaindre
de quelque parent peu en crédit , de ne pouvoir
pas en douceur vous l'envoyer à la bastille et
l'y laisser une bonne partie de ses jours, comme
cela se pratiquait jadis ?

L'ARCHEVÊQUE.

La monarchie a été d'une horrible ingratitude
envers ses bons et fidèles serviteurs. Moi, qui
vous parle , n'ai-je point passé quinze ans en
Angleterre , et je vous réponds que je m'y suis
ennuyé d'une belle manière. Ces Anglais sont
de mal-appris. Pas la moindre considération chez

eux pour les prélats d'une haute naissance. Il faut avoir de l'argent ou du talent. A peine m'a-t-on tenu compte de mon émigration ; et on n'a pas songé à faire rentrer le clergé dans ses biens et à ressusciter ces riches abbayes qui nous donnaient autrefois une certaine consistance.

LE COMTE.

Et moi, n'ai-je point aussi demeuré en Allemagne où j'ai mené une bien triste vie avec ces bons Allemands, si lourds, si ennuyeux, qui ne savent que boire. M'a-t-on fait maréchal de France ? On s'en est bien gardé. On ne veut plus aujourd'hui des personnages de haute extraction à la tête des armées, et ceux qui les commandent sont des gens qui ne sont connus que pour avoir gagné des batailles et dont les aïeux bien sûrement n'ont été d'aucune croisade. Aussi, que voyons-nous, monseigneur ? l'État sur le penchant de sa ruine, comme le dit fort bien l'abbé de Papimani. Que peut-on espérer d'un ministère qui laisse vendre publiquement le portrait de l'usurpateur ? Il est mort, me dira-t-on, son nom est historique et ne peut exciter aucun trouble ; c'est fort bien, mais moi, puis-je oublier qu'à ma rentrée de l'émigration il ait refusé mes services, qu'il n'ait pas voulu me nommer général, sous prétexte, dit-il, que je manquais de capacité ?

Que voyons-nous encore, monseigneur ? une jeunesse toujours enfermée dans des cabinets de lecture où très-certainement elle trame des conspirations contre la royauté ; la licence de la presse à son comble, les journalistes, dans leur grenier, toujours à l'affût du scandale. Un évêque censure-t-il les lois dans un mandement, un prêtre viole-t-il une fille de cinq ans, ces misérables journalistes n'ont plus de repos que toute la France ne le sache. La Quotidienne seule, debout sur les ruines des bonnes doctrines, parle encore à quelques féaux. Elle est ma foi parfaitement dans les principes, et je ne lui trouve, moi, d'autre défaut, sinon qu'on ne saurait la lire, car, il faut l'avouer, elle est bien lourde et bien ennuyeuse.

La librairie ne fait-elle pas tout au monde pour pervertir la jeunesse ? Tous les jours on réimprime les œuvres de Voltaire, qui était un scélérat fieffé et qui n'a écrit que pour rendre les hommes aussi méchans que lui, comme le disait l'autre jour, dans une assemblée du faubourg Saint-Germain, la duchesse de Crainlaraison.

L'ARCHEVÊQUE.

Oui, je l'avoue, tout va bien mal. J'ai à peine quatre cent mille livres de rente en réunissant les revenus de mes biens et mes émolumens. Mille autres évêques sont encore moins bien

traités que moi. Mais patience. Le pape Pie VIII
vient, à l'occasion du jubilé, de nous écrire une
lettre ou il censure, comme de raison, toutes
les abominations qui se commettent. Il faut espérer......

L'ABBÉ.

Espérer, monseigneur ! Eh ! que peut faire
une bulle se bornant à de vaines censures dans
la crise violente où nous sommes, dans ces jours
de douleur et d'abomination où une persécution
effroyable attaque les Jésuites ? Il est vrai que
leur institut renferme des inconvéniens graves;
qu'il n'est ni approprié à l'état actuel des esprits
ni aux besoins présens du monde ; mais enfin
ne sont-ce pas des gens entièrement dévoués
au pape, violemment ennemis de toute domi-
nation laïque et prêts à mettre tout un royaume
sans dessus-dessous au moindre signe de leur
général ? Ne sont-ce pas de chauds adversaires
de nos *absurdités représentatives*, comme appelle
éloquemment la chambre des pairs et celle des
députés l'auteur d'un ouvrage nouveau intitulé :
de *l'action du clergé*, ouvrage comblé d'éloges
par la Quotidienne ? N'inspiraient-ils point à leurs
élèves une dévotion monacale et la haine de
nos institutions impies ? Qu'on ne se flatte pas sur
l'état présent. L'éducation est athée, la royauté
chrétienne n'existe plus ; conséquemment la
France doit être régénérée ; et c'est le pasteur

suprême qui doit sauver la société et la foi , en rompant les liens qui arrêtent l'action de la puissance spirituelle. Vous m'entendez, j'espère, monseigneur ; vous savez ce que je veux dire.... Eh bien ! c'est aussi aux évêques à seconder le pontife. Nulle fonction de l'ordre civil n'est compatible aujourd'hui avec la liberté de votre ministère. Vous êtes pair, monseigneur , démettez-vous à l'instant de la pairie.

L'ARCHEVÊQUE.

Me démettre de la pairie! Mais vous n'y pensez pas, mon cher abbé? Savez-vous bien qu'outre la considération attachée à la pairie , outre l'avantage de se faire entendre à la tribune....., ça ne laisse pas que de me rapporter encore douze mille livres de rente, et nous ne sommes plus au temps où douze mille livres de rente n'étaient qu'une bagatelle pour un archevêque.

LE COMTE.

Sans doute ; monseigneur a raison. Mon pauvre abbé de Papimani, vous allez toujours trop loin. Je vous l'ai toujours dit ; vous vous laissez entraîner par votre tête qui est beaucoup trop chaude. Ecoutez. Nous voulons bien changer l'état présent des choses, mais pas aux dépens de notre bourse. Vous allez chercher midi à quatorze heures. Et que diable , croyez-vous qu'il faille tant de façons pour mettre tous ces libéraux à la raison ? Eh ! mon Dieu non. Faites-moi braquer quatre bonnes pièces de canon contre la salle où se démènent tous ces braillards ; et s'ils refusent de faire ce qu'on voudra, que de bonnes décharges de mitraille vous leur apprennent à vivre..... Par l'épée de mon bisaïeul , que le roi me mette à la tête de son armée , et je réponds de tout. Si la féodalité ne renaît pas plus brillante que jamais , je permets à toute la France de dire que les ancêtres du comte de Haitlacharte n'ont jamais mis le pied à la Terre Sainte.

L'ABBÉ.

Et vous voudriez nous enlever l'honneur de sauver la France ? Croyez-vous que nous soyons d'humeur à vous le céder ? Les antécédens ne sont-ils pas pour nous ? Ne sont-ce pas des prêtres qui , à l'époque de la ligue , l'une des plus belles de notre histoire , ont armé les peuples contre leur roi.

LE COMTE.

Oh ! monsieur l'abbé , encore une fois, je vous le dis , vous allez trop loin. N'allez point ici m'échauffer les oreilles. Les comtes de Haitlacharte n'entendent pas raillerie sur le sujet du salut de la monarchie. C'est à nous qu'appartient ce soin important , et laissez-nous faire ; nous n'avons pas besoin de vous pour cela, je vous en réponds.

L'ABBÉ *furieux*.

Eh bien ! ...... c'est bon...... Je vais imprimer que les nobles ne valent pas mieux que les libéraux. *Il sort.*

LE COMTE.

Est-il rien de plus impertinent que votre abbé de Papimani ? Et on lui trouve de l'esprit ? C'est un fou qui n'a pas le sens commun. Prétendre lui, sauver l'État ! Le fat !

L'ARCHEVÊQUE.

Vouloir que j'abandonne la pairie et douze mille livres de rente...... Ma foi, il m'a bouleversé la tête avec ses discours dépourvus de sens, et je vais chez la marquise de Sotorgueil, me remettre un peu de tant de trouble.

FIN.

CHAIGNIEAU j., imprimeur, rue St.-André-des-Arcs, n° 42.